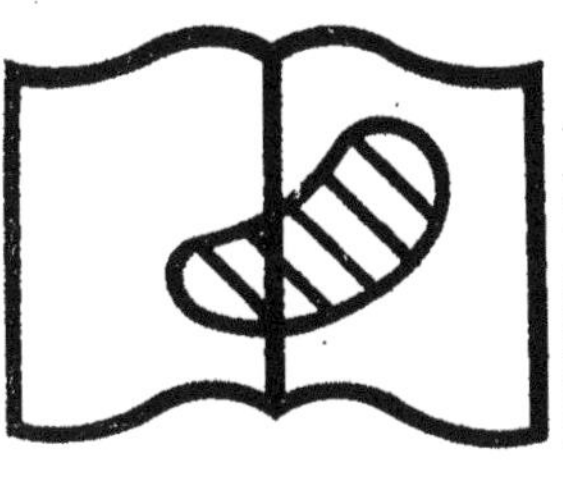

Illisibilité partielle

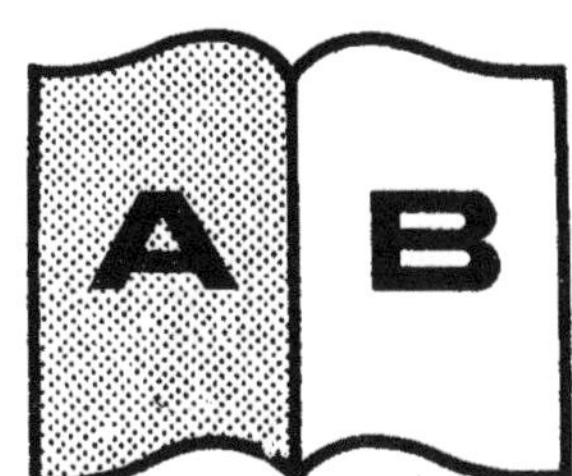

Contraste insuffisant
NF Z 43-120-14

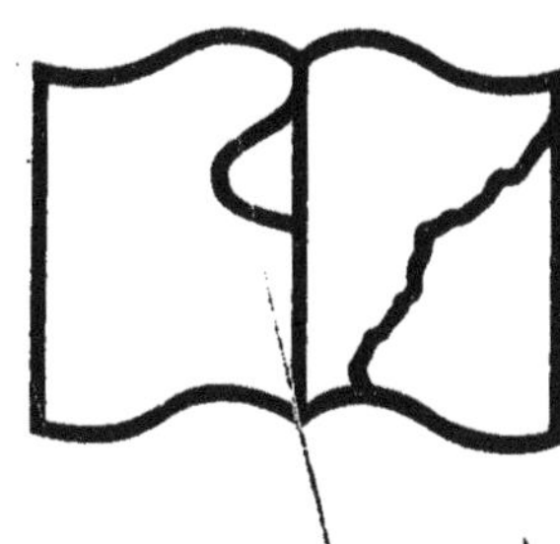

Texte détérioré — reliure défectueuse
NF Z 43-120-11

Valable pour tout ou partie
du document reproduit

Couvertures supérieure et inférieure
en couleur

Ed. PIETTE

ÉTUDES

D'ETHNOGRAPHIE PRÉHISTORIQUE

Extrait de « L'Anthropologie ». — T. VI. — N° 3.

PIETTE
À Rumigny (Ardennes)

PARIS

G. MASSON, ÉDITEUR
LIBRAIRE DE L'ACADÉMIE DE MÉDECINE
120, BOULEVARD SAINT-GERMAIN.

(9)

ANGERS, IMP. BURDIN ET Cie, RUE GARNIER, 4

ÉTUDES

D'ETHNOGRAPHIE PRÉHISTORIQUE

ANGERS, IMP. BURDIN ET Cie, RUE GARNIER, 4

Ed. PIETTE

ÉTUDES

D'ETHNOGRAPHIE PRÉHISTORIQUE

Extrait de « L'Anthropologie ». — T. VI. — N° 3.

PARIS

G. MASSON, ÉDITEUR

LIBRAIRE DE L'ACADÉMIE DE MÉDECINE

120, BOULEVARD SAINT-GERMAIN.

ÉTUDES D'ETHNOGRAPHIE PRÉHISTORIQUE

PAR

Ed. PIETTE

Pour l'intelligence des mémoires qui vont suivre, il est indispensable que je fasse connaître la succession des assises sur la rive gauche de l'Arise, dans la grotte du Mas-d'Azil. J'y ai fait creuser à grands frais de vastes tranchées pour l'étude stratigraphique de cette station. Voici la coupe la plus instructive (voyez fig. 1). Elle présente, de bas en haut, les couches suivantes :

R. Roche calcaire dans laquelle est creusée la grotte.

A (1^m,46). — Terre graveleuse, à éléments grossiers et anguleux, mêlés à du limon; elle renferme quelques ossements, du charbon et des pierrailles éparses, assez nombreuses, non roulées provenant de la colline. A la base sont des blocs calcaires reposant sur le rocher R qui formait autrefois l'aire de la grotte. Quelques traces de foyers subsistent encore entre ces blocs. A la hauteur de 0^m,90 est un lit de pierres détachées de la voûte, faisant défaut en quelques endroits, incliné vers le nord.

B (0^m,83). — Couche archéologique, noire, devant cette couleur à la présence de cendres provenant de déchets de chair brûlés. Elle est inclinée vers le nord, et renferme des silex taillés de forme magdalénienne, des instruments en os cassés, notamment des fragments d'aiguilles et de harpons en ramure de renne, des ossements brisés, mais non roulés, parmi lesquels on distingue des vestiges de renne, de cheval et de bœuf. Des plaquettes de grès micacé rougies par le feu, des pierres assez nombreuses, tombées de la voûte ou provenant de la colline, du sable et du gravier apparaissent dans cette couche qui a été remaniée sur place par une inondation. Elle appartient évidemment à la dernière partie des temps cervidiens. Lorsqu'on en suit le prolongement à l'est, on la voit affleurer intacte à quelques mètres de la tranchée; elle contient, en

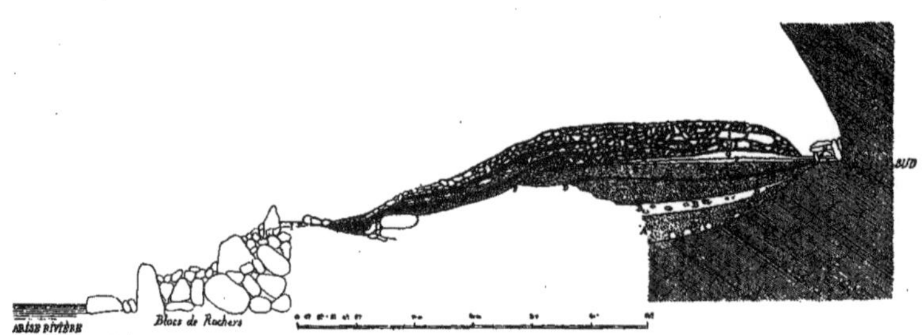

COUPE D'UNE TRANCHÉE ouverte dans la grotte du MAS D'AZIL
sur la rive gauche de l'Arise
Direction du Nord au Sud

Fig. 1.

cet endroit, des aiguilles entières et des harpons non brisés. Dans la tranchée, en se continuant vers le nord, elle a été lavée et presque complètement enlevée par une inondation, ne laissant d'autre trace qu'un lit de pierres et quelques ossements. Il n'en reste rien dans le voisinage de la rivière.

C (1ᵐ,50). — Limon jaune, sableux, schistoïde, incliné vers le nord-est, se délitant en minces feuillets qui ont, en moyenne, un demi-millimètre d'épaisseur et sont formés, à leur partie supérieure, de fins éléments qui paraissent provenir du loess, et, à leur partie inférieure, de grains plus gros de calcaire blanc ou spathique et de limonite ferrugineuse arrachés aux roches qui encaissent la rivière en amont. De minces lits sableux ou de fin gravier sont intercalés dans la masse, et l'on y trouve quelques ossements et quelques pierres éparses. Chaque feuillet de cette couche correspond à une inondation ou à une recrudescence dans une inondation.

D (0ᵐ,30). — Couche archéologique noire, la dernière de l'âge du renne, légèrement remaniée sur place. Lorsqu'on en suit le prolongement vers l'est et vers le sud, on la voit affleurer intacte à quelques mètres de la tranchée. Là elle a été protégée contre le courant de la rivière par une avancée de la roche à l'entrée de la grotte. Dans la tranchée même où elle a été remaniée, on y recueille des aiguilles entières et des harpons intacts. Les harpons sont presque tous en bois de renne; quelques-uns sont en ramure de cerf élaphe. Les gravures sont nombreuses dans cette assise; mais elle ne renferme pas de sculptures. Il en est de même dans l'assise B; et l'on peut caractériser ces deux strates par la présence d'un gros lissoir en bois de cerf, taillé en biseau. Ils font évidemment partie d'une même formation, celle que j'ai nommée *élaphienne*. Mais le nom d'*élaphien* convient mieux à la couche à galets coloriés où le renne fait complètement défaut; et il est préférable d'appeler la formation BD *élapho-tarandienne*. L'assise D contient des ossements de cerf élaphe, de chevreuil, de bouquetin, de chamois, de bœuf primitif, de cheval, d'ours commun, de sanglier, de renard, de loup, de lynx, de lièvre. Le renne y est rare; le cerf élaphe abondant. Les silex sont de forme magdalénienne. On y trouve, avec eux, de petits grattoirs ronds et de fins instruments taillés en lame de canif, précurseurs des temps nouveaux. L'assise D a été fortement remaniée vers le nord par les eaux débordées; on la voit, dans la tranchée, se transformer en un lit de pierres, seuls vestiges que le courant ait épargnés. Plus près de l'Arise, elle a été complètement emportée.

E (1^m,24). — Limon jaune pareil à celui de la couche C, se délitant comme lui en minces feuillets, présentant à la hauteur de
0^m,60 un lit de sable grossier, se transformant au nord en couches
de gravier, et disparaissant dans le voisinage de l'Arise, emporté
par les crues du cours d'eau. Lorsque l'on suit vers l'est l'affleurement de ce limon, on le voit diminuer de puissance. Il est à peu
près nul dans les endroits où la couche archéologique D est intacte.
Son épaisseur est plus grande, là où elle est ravinée. C'est un dé-
pôt fluviatile formé par un ensemble de lits très minces qui se sont
déposés dans les dépressions de l'îlot archéologique recouvert
presque partout par les eaux débordées. Les inondations ont profondément raviné cet îlot, mais elles en ont laissé un grand lambeau
intact, placé entre le courant direct et le remous qui suivait le bord
de la grotte. Ce limon, qui atteint la hauteur de 12^m,90 au-dessus
du niveau moyen actuel des eaux de la rivière, et celui de la
couche D représentent une longue époque de grande humidité, de
pluies torrentielles, de fonte de neiges et de puissantes inondations.
J'ai compté, dans les dépôts limoneux C et E, plus de huit cents feuillets. C'est à cette époque que les glaciers des Pyrén, , qui avaient
reculé vers leurs lieux d'origine, ont fait un nouveau mouvement
en avant, peu considérable, il est vrai, mais très appréciable, et
que notamment la moraine frontale de Cazeaux s'est formée dans
la vallée de l'Arboust.

F (0^m,15 à 0^m,50). — Assise rougeâtre, renfermant des amas de
peroxyde de fer, de grosses pierres tombées de la voûte, des cendres,
du charbon, des ossements de cerf commun, de chamois, de bœuf
primitif, de cheval, d'ours commun, de sanglier, de blaireau, de chat
sauvage, de castor, d'oiseaux divers, de truites, de brochets, de cy-
prins, de grenouilles. Le renne fait défaut. Les os de cerf sont très
nombreux, quelques-uns se rapportent au cerf du Canada; les autres
appartiennent à une petite variété du cerf élaphe dont les dents res-
semblent parfois singulièrement à celles du renne. La cendre noirâtre des foyers prouve que l'on y brûlait des déchets de chair, et
l'abondance des charbons témoigne qu'on y consumait aussi du bois.
Les silex sont presque tous de forme magdalénienne; les petits
grattoirs arrondis et les outils en lame de canif déjà signalés dans
la couche D n'y sont pas rares. On y rencontre aussi de petits galets
usés et polis à l'une de leurs extrémités, ayant servi de ciseaux ou
de tranchets. Parmi les instruments en os, les harpons perforés en
ramure de cerf prédominent. On y trouve aussi des poinçons, des
lissoirs et de nombreuses dents de cerf percées. J'y ai recueilli des

noyaux de prune appartenant à plusieurs variétés, des noyaux de
prunelle, de cerise, des noix, des noisettes, des glands, des traces
de litière. Pendant la visite que M. Boule est venu me faire dans ce
gisement, les ouvriers ont mis à découvert un très petit tas de blé
dont les grains tombaient en poudre blanche quand nous voulions
les saisir. J'ai rencontré dans cette formation deux sépultures de
squelettes inhumés après avoir été décharnés au silex et colorés en
rouge au moyen du peroxyde de fer. Cette assise en se prolongeant
vers l'est atteint une épaisseur de 0^m,65. Si on la suit vers le nord, à
19 mètres de la paroi méridionale de la grotte, on la voit se transformer en un amas de grosses pierres rouges. Tous les éléments
petits et moyens dont elle était formée ont été emportés par une
inondation qui s'est élevée à plus de 13 mètres au-dessus du niveau
actuel de la rivière. La coloration rouge est demeurée sur les pierres,
malgré le lavage.

G (0^m,10 à 0^m,60). — Cendres rubanées de blanc, de rouge et de
gris contenant des lits lenticulaires d'*Helix nemoralis*, dont l'épaisseur est parfois de 0^m,30 et la longueur de 10 à 15 mètres. Les feux
de bois y ont détruit beaucoup d'objets en os. J'y ai recueilli des
ossements de cheval, de bœuf, de cerf élaphe, de sanglier, des silex
travaillés pareils à ceux de la couche précédente, des tranchets, des
ciseaux, des racloirs en roche polie, des poinçons, des harpons perforés en ramure de cerf, des spatules, des polissoirs en grès, des
noix, des noisettes, des glands, des châtaignes, des noyaux de
prune, de cerise, de prunelle, de nèfle, d'aubépine. Cette assise, avec
ses amas d'*Helix*, correspond aux *kjoekkenmoeddings*. Elle disparaît,
au nord, dans la tranchée, ayant été emportée, par une inondation,
à 20 mètres de la paroi méridionale de la grotte. L'eau, pour l'en-
lever, s'est élevée à 13^m,60 au-dessus du niveau actuel de la rivière.

H (0^m,30 à 1^m,20). — Couche argileuse noirâtre, prenant nais-
sance à 20 mètres de la rivière, à une hauteur de 6 mètres au-dessus
du niveau moyen actuel des eaux de l'Arise, contenant des os de
porc, de bœuf, de chèvre, de mouton, de cerf, des colliers et des
amulettes en albâtre, des tessons de poterie néolithiques, des poinçons, des spatules, des lissoirs, des hameçons, des épingles en os,
des flèches en os avec douille, des flèches à ailerons et des flèches à
pédoncules en silex, des haches en pierre polie, des ciseaux, des
tranchets, des racloirs, également en pierre polie, des hélix des jar-
dins et des noix. Un tas de terre à poterie, intercalé dans l'assise,
prouve qu'il y a eu là un atelier de céramique. Quelques parcelles
de vert-de-gris apparaissent dans la partie supérieure de cette for-

mation. Ils font complètement défaut à la base, et on ne les rencontre que dans le dernier tiers de sa hauteur. Ils sont l'indice de la contemporanéité du bronze et de ce tiers supérieur; et il n'est pas sans intérêt de constater combien peu l'outillage en pierre et en os qui servait à la masse de la population fut affecté par l'introduction du métal. La possession d'armes et d'outils en bronze fut le privilège de quelques personnes favorisées de la fortune.

La couche H, au point de vue industriel, est homogène dans toute son épaisseur. Les parcelles de vert-de-gris nous apprennent seules que son tiers supérieur représente l'époque calceutique. Ses deux tiers inférieurs sont franchement néolithiques. A 24 mètres de la rivière, il y avait, dans cette couche, une cachette ou plutôt un atelier de fondeur, avec moule de têtes de lances à douille, moule de fibules, culot de bronze, bracelets, manche de poignard, applique, épingles en bronze. En suivant, dans la tranchée, l'affleurement de la couche H vers le sud, on la voit s'élever sur les vestiges de l'assise à galets coloriés, à une altitude de 14 mètres au-dessus du niveau moyen actuel de l'Arise, puis, lorsqu'elle est à 22 mètres de la paroi méridionale de la grotte, se transformer en un amas de pierres détachées de la voûte qui renferme des haches en pierre polie et à une certaine hauteur des parcelles oxydées de bronze. Je regarde comme contemporaine de cet amas une allée couverte placée à l'extrémité méridionale de la tranchée, quoiqu'elle soit dépourvue de mobilier funéraire. Les pierres qui la constituaient avaient été enfoncées dans l'assise à galets coloriés et l'assise à escargots. Elle contenait de nombreux squelettes accroupis, dont l'étude n'a pas encore été faite.

Si l'on compare l'altitude de la couche H au-dessus du niveau de l'Arise à celles des assises D, E, F et G, on reconnaît que les débordements de l'Arise qui s'élevaient, pendant la formation de ces assises jusqu'à des hauteurs de 13 à 14 mètres au-dessus du niveau actuel de la rivière, et balayaient tout sur leur passage, ont été bien moins considérables à l'époque des haches en pierre polie, puisqu'ils ont épargné une couche meuble placée à 6 mètres seulement au-dessus du niveau du cours d'eau. C'est à cette dernière époque qu'a commencé le régime actuel des eaux fluviales. Antérieurement, il y a eu une longue période de temps caractérisée par des inondations réitérées. Cette période qui a commencé avec la formation des couches élapho-tarandiennes, s'est continuée pendant celle des couches à galets coloriés et à escargots. Elle a pris fin quand l'homme a commencé à se servir de haches en pierre polie.

I (0ᵐ,20 à 0ᵐ,40). — Couche argileuse noirâtre contenant des os de porc, de mouton, de cerf, des clous en fer, des poteries gauloises. A la base, sont des aiguilles en os plus grossières que celles des temps magdaléniens, des flèches à pédoncule en os, pareilles aux flèches néolithiques, ou plutôt aux flèches calceutiques, car l'os n'a pas été taillé par enlèvement de petits éclats, et enfin quelques silex sans caractère parmi lesquels est un fragment de hache polie dont on a fait un racloir. A la partie supérieure sont des épingles à cheveux gallo-romaines, en ivoire, puis du verre, et un peu plus haut des poteries vernissées. Dans la tranchée, cette couche est séparée de l'assise H par de la terre vaseuse et des blocailles entre lesquelles on trouve du fer, des os de porc, de cerf et de mouton. Mais si l'on suit son affleurement vers l'est, on la voit en contact avec l'assise calceutique en des endroits où il y a eu continuité d'habitation, et il est parfois assez difficile d'en indiquer la ligne séparative. A 42 mètres de la paroi méridionale de la grotte, elle se transforme en un amas de pierrrailles tombées de la voûte, dont l'épaisseur est d'environ 1 mètre, dans lequel j'ai recueilli des clous en fer, des tessons de vases gaulois et des fragments de poterie vernissée.

Il me reste à dire quelques mots de la nomenclature de la période glyptique. Si l'on tient à donner à ses divisions des noms de localités pour les harmoniser avec la terminologie de M. de Mortillet, il est impossible, dans l'état actuel de la science, de ne pas faire une coupure dans ce qu'il a appelé l'époque *magdalénienne*. J'en ai déjà séparé les assises à harpons plats, ovalaires, perforés, en bois de cerf, que l'on confondait autrefois avec le magdalénien, et j'ai réuni sous le nom d'*asilien* (Mas-d'Azil), les couches à galets coloriés et à escargots. J'ai distingué, à la base des formations glyptiques, les assises éléphantiennes ou éburniennes que l'on peut désigner sous le nom de *papaliennes* (grotte du Pape, à Brassempouy). Reste le magdalénien proprement dit qui comprend deux époques bien distinctes, mon époque hippiquienne (époque des sculptures en relief) pendant laquelle la faune, compagne du mammouth et du rhinocéros à narines cloisonnées, a disparu, et mon époque cervidienne (époque de la gravure), qui se termine par l'extinction du renne dans notre pays. Les grottes d'Arudy sont un bon type de la première; on peut donc l'appeler *arudienne*. La caverne de Gourdan est un excellent type de la seconde. Le nom de *gourdanienne* est celui qui lui convient le mieux.

I

RÉPARTITION STRATIGRAPHIQUE DES HARPONS DANS LES GROTTES DES
PYRÉNÉES

Avant que je ne découvre, dans la grotte du Mas-d'Azil, les assises à galets coloriés et à escargots, et ne fasse connaître leur position stratigraphique entre les dernières couches de l'âge du renne et les premiers conglomérats à haches en pierre polie, il était admis par plusieurs préhistoriens qu'entre l'ère quaternaire et l'ère moderne, il s'était écoulé une longue époque de désolation, pendant laquelle les terres de l'Europe occidentale étaient demeurées inhabitées, et la tradition de l'homme avait été interrompue. Ils l'avaient nommée l'*hiatus*. Pour eux, la croyance à l'*hiatus* était presque un dogme; le monde quaternaire et le monde moderne n'avaient rien de commun.

Rien ne prouve mieux la fausseté de cette opinion que l'étude des modifications successives apportées dans la fabrication des armes et des outils pendant les temps magdaléniens et l'époque de transition qui les a suivis. Les types nouveaux naissent des anciens par des perfectionnements continus; et quand des nécessités inéluctables contraignent l'homme à changer la matière première dont il les fabriquait, il parvient, à force d'application et d'essais, à trouver les formes les plus pratiques pour remplacer, avec la nouvelle matière, les instruments faits autrefois d'éléments qu'il n'a plus à sa disposition.

Je vais retracer l'histoire du harpon pendant cette période.

Lartet et Christy ont classé parmi les harpons la flèche à base en losange de Cro-Magnon et de Gorge-d'Enfer. Je lui laisserai le nom de flèche. A mon avis, la barbelure est la caractéristique du vrai harpon. Les angles émoussés de l'arme du Cro-Magnon ne suffisaient pas pour la retenir dans les chairs.

Les harpons magdaléniens étaient composés de deux parties : une hampe en bois évidée antérieurement, et une tête en ramure de renne ou de cerf, tige cylindrique, dont l'extrémité antérieure, aiguë ou en forme de lancette, était destinée à percer, et dont l'extrémité postérieure, façonnée en pointe mousse, entrait dans la hampe, sans y adhérer. Cette tête était garnie de barbelures dont la fonction était de retenir l'arme dans les chairs quand elle y avait pénétré,

Un fil enroulé autour de la hampe la reliait à la tige, à laquelle il
était attaché.

Il y avait deux sortes de harpons :
les uns avaient une double rangée de
barbelures ; les autres étaient barbe-
lés d'un seul côté. Il y en avait de
petits et de grands. Les petits servaient à la pêche ; les grands, qui
sont très rares, à la chasse.

A la pêche, lorsqu'ils avaient bles-
sé un poisson, l'animal, en fuyant,
faisait dérouler le fil, et la hampe
flottant au-dessus des eaux décélait
sa présence partout où il se réfu-
giait.

A la chasse, quand ils avaient pénétré dans le flanc d'une bête, la
hampe la flagellait, à chaque mouvement qu'elle faisait. Plus elle cou-
rait, plus la hampe lui battait les
jambes, et il en était ainsi jusqu'à ce
qu'affolée, haletante et épuisée, elle
tombât entre les mains du chasseur.

C'était surtout à la pêche qu'ils
étaient employés. Une sculpture
trouvée dans la grotte du Mas-d'Azil,
sur la rive droite de l'Arise, représente un poisson percé d'une flèche
à double rangée de barbelures (voy.
fig. 2).

Tant que durèrent les froids secs
de la première moitié des temps magdaléniens et que les cours d'eau
furent réduits à de minimes propor-
tions, les harpons ne furent guère
en usage. Je ne saurais même affir-
mer qu'il y en ait eu à l'époque de la
sculpture en relief. Je considère cependant comme provenant d'un har-

Fig. 2. — Poisson percé par un harpon. Mas-d'Azil, rive droite. Assise
rangiférienne.

pon un fragment d'arme à tige cylindrique, épaisse, légèrement caré-
née par dessus et par dessous, garnie des deux côtés de petites épines

aux pointes abaissées, découvert au Maz-d'Azil sur la rive droite de
l'Arise, dans l'assise équidienne de la salle supérieure (voy. fig. 3).
On ne peut confondre cette tige épaisse avec celle d'un instrument plat
d'un côté (fig. 4), garni de deux rangées d'épines sur une partie de
sa longueur, trouvé dans l'assise des gravures à champlevé de la
grande grotte d'Arudy, ni avec celle d'un autre instrument très élé-
gant, à section ovalaire aplatie, orné d'une rangée d'arêtes sur
chaque côté, recueilli dans l'assise équidienne de la salle supérieure
du Mas-d'Azil, sur la rive droite. Ces deux débris me paraissent

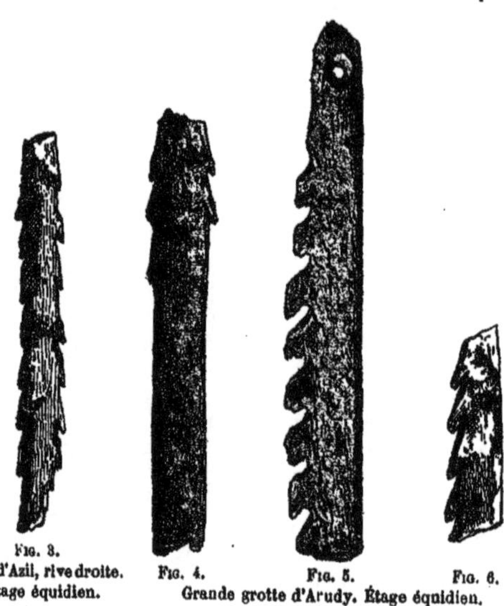

Fig. 3.
Mas-d'Azil, rive droite.   Fig. 4.   Fig. 5.   Fig. 6.
Étage équidien.   Grande grotte d'Arudy. Étage équidien.

devoir être classés parmi ces nombreux outils inventés pour par-
venir à tisser, ou du moins à faire du filet à mailles très serrées.
C'est peut-être à la même catégorie d'instruments qu'il faut rap-
porter une tige quadrangulaire (fig. 5), très solide, barbelée d'un
seul côté, à barbelures minces, larges et courtes, ayant l'apparence
d'un véritable harpon. Je la considérerais comme en étant un réel-
lement, si sa pointe en forme de lancette n'était percée d'un trou
qui l'affaiblit et la rend impropre à supporter les chocs. Il est évident
que, placé comme il l'est, ce trou ne peut servir à recevoir un fil

pour rattacher la tête à la hampe, sans que ce fil devienne un obstacle à la pénétration. Peut-être pourrait-on considérer cet instrument comme un harpon amulette.

Si j'écarte ces différents fragments, je n'agis pas de même pour un petit débris recueilli dans l'assise des gravures à champlevé de la grande grotte d'Arudy (fig. 6). C'est une tige assez solide, à section ovalaire, garnie d'épines d'un seul côté. Je ne vois aucune raison de ne pas le considérer comme ayant fait partie d'un harpon.

Lorsque le climat changea, et que, sans cesser d'être froid, il devint plus humide et couvrit de neige la campagne pendant de longs hivers, le volume des cours d'eau augmenta, les poissons devinrent plus abondants ; la pêche fut une des principales ressources pour l'alimentation, et les harpons furent fabriqués en grande quantité. Ils gisent nombreux dans l'étage cervidien ou étage à gravures simples.

A la base de l'assise rangiférienne, j'ai recueilli, dans la grotte de Gourdan, une tête de harpon barbelée d'un seul côté, terminée inférieurement par une longue pointe. Le fil ne pouvait y être attaché qu'entre deux barbelures, et la pointe inférieure s'enfonçait trop profondément dans la hampe. Le même type a été rencontré dans la grotte du Mas-d'Azil sur la rive droite (fig. 7) ; mais sa pointe inférieure est plus large et deux encoches y ont été faites pour assujettir le fil. Ce harpon devait être d'un usage peu commode. Si les encoches étaient trop grandes, elles affaiblissaient la tige. Si elles étaient trop petites, le fil glissait. J'ai trouvé dans la caverne de Gourdan un harpon à double rangée de barbelures non moins imparfait. Il n'avait pas d'encoche au bas de la tige, et il fallait nécessairement attacher le fil entre deux barbelures.

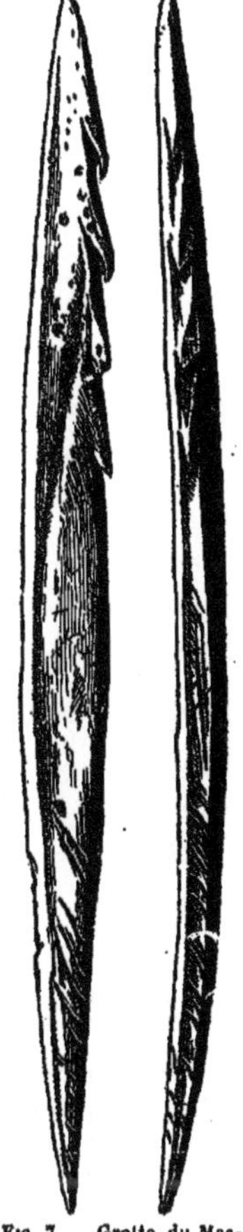

Fig. 7. — Grotte du Mas-d'Azil, rive droite. Assise rangiférienne.

Pour obvier à cet inconvénient, les harponniers imaginèrent de renfler légèrement la tige au-dessous des bar-

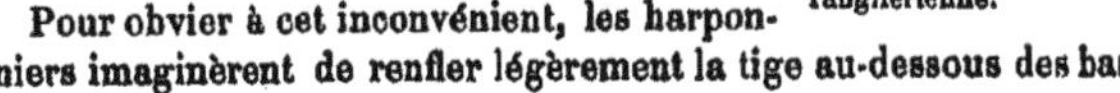

belures (fig. 8). Mais le fil glissait encore, alors ils créèrent le type
de la figure 9. C'est une tige bibarbelée amincie à sa partie inférieure
et terminée par un cône renversé dont la base est plus large que la
tige.

Presque aussitôt, le harpon à saillie inférieure fut inventé (fig. 10,
11 et 12).

Désormais le fil était commodément assujetti; la base ne pouvait

<table>
<tr><td>Fig. 8.
Grotte de Gourdan.
Assise rangiférienne.</td><td>Fig. 9.
Grotte de Gourdan.
Assise élapho-tarandienne.</td><td>Fig. 10.
Grotte du Mas-d'Azil,
rive gauche.
Assise élapho-tarandienne.</td></tr>
</table>

plus s'enfoncer trop profondément dans la hampe, et l'arme était
parfaite. Il ne s'agit, on le comprend, que d'une perfection relative,
de celle que l'on pouvait obtenir avec la ramure de renne taillée au
silex. Quand les métaux seront découverts, le harpon recevra d'autres perfectionnements et devenant une machine assez compliquée,
lancée par une sorte de canon, il servira à chasser la baleine. Mais
à l'âge du renne, le harpon à saillie inférieure fut considéré comme
l'idéal de l'arme.

Il y en eut de deux sortes : le harpon ayant des barbelures d'un seul côté et une seule saillie (fig. 10), et le harpon barbelé des deux côtés (fig. 11 et fig. 12). Les harponniers ne cherchèrent pas mieux.

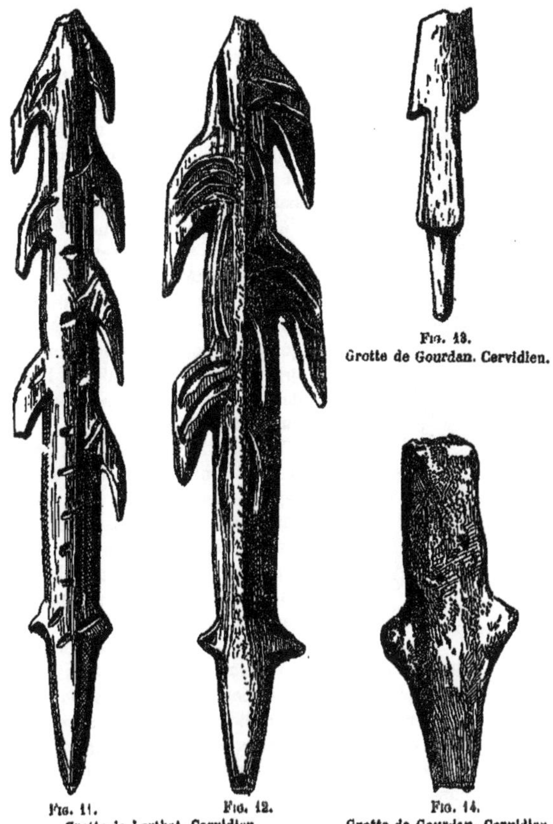

Fig. 13.
Grotte de Gourdan. Cervidien.

Fig. 11.
Grotte de Lorthet. Cervidien.

Fig. 12.

Fig. 14.
Grotte de Gourdan. Cervidien.

Il y avait eu cependant quelques autres essais. La figure 13 représente certainement un type de harpon; mais il fut peu en usage.

Je ne considère pas comme harpon l'arme représentée par la

figure 15. C'est une pointe de sagaie. Elle aurait pu cependant servir
de flèche centrale à des harpons préparés pour chas-
ser les oiseaux en bande. Ces armes, dont on a pu voir
des spécimens au Trocadéro, pendant l'Exposition
universelle de 1878, ont des flèches barbelées, dispo-
sées autour de l'extrémité de la hampe comme les
plumes d'un volant enfoncées dans le liège.

A côté des harpons de pêche, on trouve quelque-
fois des harpons de chasse. Tel est celui dont la

figure 14 représente un fragment. Mais ils sont rares. Quand
ils étaient lancés sur les bêtes
sauvages et qu'ils se brisaient,
c'était loin de la caverne.

La figure 16 représente proba-
blement la tête d'un autre harpon de chasse, car sa pointe en
forme de grande lancette est ai-
guisée. On pourrait cependant la
prendre pour l'extrémité de l'un
de ces propulseurs qui servaient à
lancer des traits.

Tant que le renne prospéra dans
les pays sous-pyrénéens, les deux
types de harpon à une ou à deux
rangées de barbelures, universellement adoptés, demeurèrent im-
muables. Ils sont caractéristiques
de l'étage cervidien et surtout de
sa partie supérieure. Mais une
époque vint où le climat s'adou-

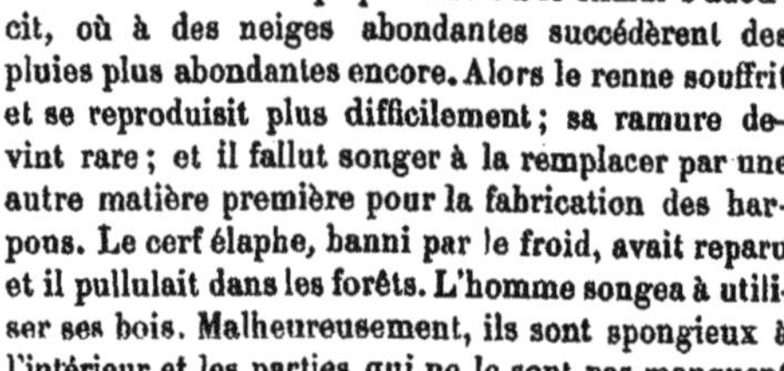

Fig. 16. — Grotte de
Gourdan. Cervidien.

cit, où à des neiges abondantes succédèrent des
pluies plus abondantes encore. Alors le renne souffrit
et se reproduisit plus difficilement; sa ramure devint rare; et il fallut songer à la remplacer par une
autre matière première pour la fabrication des harpons. Le cerf élaphe, banni par le froid, avait reparu
et il pullulait dans les forêts. L'homme songea à utili-
ser ses bois. Malheureusement, ils sont spongieux à
l'intérieur et les parties qui ne le sont pas manquent
de solidité. L'écorce seule est résistante; mais elle est mince. Les

Fig. 15.
Grotte de
Gourdan. Cer-
vidien.

faiseurs de harpons crurent d'abord qu'il n'était pas nécessaire de modifier les types. Ils se contentèrent de faire la tige cylindrique plus épaisse et d'en affaiblir les barbelures par aucune rayure (Voyez, fig. 17, un harpon en bois de cerf de la fin de l'âge du renne).

Ils reconnurent bientôt que la partie corticale de la ramure du cerf était seule utilisable. Il était impossible de faire des tiges cylindriques solides. Il

Fɪɢ. 18.   Fɪɢ. 19.
Grotte du Mas-d'Azil, rive gauche. Assise élapho-
tarandienne.

Fɪɢ. 17. — Grotte du Mas-d'Azil, rive droite. Assise élapho-tarandienne.

fallait donc modifier la forme de l'arme, l'aplatir et l'élargir. Ils inventèrent un type de harpon ovalaire, plat, renforcé par une côte, ayant deux rangées de barbelures (voy. fig. 18). Étant en quête de nouveautés, ils remplacèrent les saillies par un trou rond qu'ils mirent tantôt au milieu du losange de la base, tantôt sur le côté. Ils appliquèrent cette dernière innovation au harpon à une seule rangée de barbelure, de forme tarandienne (voy. fig. 19); mais ces nouveaux types étaient défectueux. Le harpon

monobarbelé, avec son trou rond, n'en était que plus fragile, et la
côte nuisait à la pénétration du harpon à double barbelure. Presque
aussitôt on inventa le type du monobarbelé aplati. Il ne lui manquait
plus qu'un trou en place de saillie pour être une arme de bon usage.

Les transformations du harpon en étaient arrivées au point que
je viens d'indiquer, quand le renne s'éteignit; et c'est dans les dernières assises de l'époque magdalénienne qu'on trouve la trace de
ces essais.

La nécessité amena rapidement les harponniers à la découverte
des formes les plus parfaites de harpons en bois de cerf. Les tâtonnements des derniers temps de l'é-
poque tarandienne avaient beaucoup avancé cette industrie. Il n'y
avait plus qu'un pas à faire pour
arriver aux formes définitives.
Au bas de la couche à galets
coloriés, on trouve encore un
long harpon épais, à base percée
(fig. 22); mais, à côté de lui, on
recueille un harpon plat à double
barbelure sans trou, puis un autre
de même forme, avec trou rond
(fig. 20 et 21). Au même niveau,
on rencontre un harpon à très
fines barbelures, à base large, à
trou ovale (fig. 23). Toutes ces
formes résultent de tâtonnements
et sont obtenues pendant une pé-

Fig. 20.   Fig. 21.
Grotte du Mas-d'Azil, rive gauche. Assise
à galets coloriés.

riode d'essais. Enfin on arrive aux types définitifs (fig. 24 et fig. 25).
Le harpon à une seule rangée de barbelures et à trou ovale ou en
losange, formé au moyen de longues entailles (fig. 24) disparaît
bientôt lui-même; et il ne reste plus qu'un type, le harpon plat,
ovalaire, à trou ovalaire formé par des entailles, à doubles rangées
de barbelures pointues, presque parallèles à l'axe, dépouillé de
tout ornement qui aurait 'pu l'affaiblir (fig. 25). Universellement
employé, il gît en quantité considérable dans la couche à galets
coloriés. On en trouve encore quelques-uns dans l'assise à escargots dont les feux de bois ont détruit presque tous les instruments
en os. On n'en rencontre plus au Mas-d'Azil, ni à Gourdan dans
l'assise des haches polies. L'homme qui se servait de ces haches
possédait l'hameçon. Les cours d'eau, très puissants pendant l'é-

poque de transition, avaient beaucoup diminué d'importance aux temps où ces haches furent en usage.

Dans les lacs de la Suisse, la drague a ramené des haches en pierre polie et des harpons. Leur usage a-t-il été simultané? C'est possible; car ces lacs ont encore aujourd'hui de grandes masses d'eau et de nombreux poissons, tandis que l'Arise n'est plus

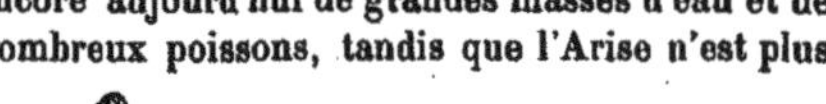

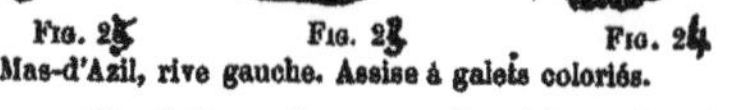

Fig. 23.   Fig. 23.   Fig. 24.
Mas-d'Azil, rive gauche. Assise à galets coloriés.

qu'une petite rivière. Je me garderai donc de généraliser ce que j'ai observé dans les Pyrénées où la stratigraphie de certaines grottes est d'une clarté incontestable. Il y a cependant, dans les enseignements qui ressortent de cette stratigraphie, une indication qui mérite d'être notée. Et il y a lieu de s'assurer par de nouvelles observations que l'usage du harpon a duré plus longtemps en Suisse que dans le Midi de la France.

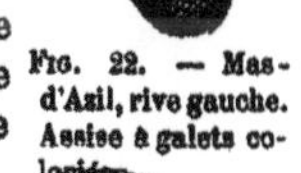

Fig. 22. — Mas-d'Azil, rive gauche. Assise à galets coloriés.

ANGERS, IMP. BURDIN ET Cⁱᵉ, RUE GARNIER,

www.ingramcontent.com/pod-product-compliance
Ingram Content Group UK Ltd.
Pitfield, Milton Keynes, MK11 3LW, UK
UKHW010916160726
13695UKWH00007B/2589